為工作寫讚美日記

每天這樣寫每天進步一點點

「自我尊重實踐協會」代表理事
手塚千砂子：著
高橋美起：插圖
李靜宜：譯

給希望工作順遂的你

希望有好的工作表現，
希望獲得上司肯定，
希望得到後輩景仰，

不過……
很在意別人怎麼看我，

工作上有時候會出點錯，
看來，或許我真的是能力不足……
好希望自己更有自信。

沒關係喔，請安心！

請開始寫「讚美日記」

肯定自己吧。

成為自己喜歡的樣子，

讓自己閃耀光芒。

工作是人生的一部分。

重要的是，
你的人生能夠順遂。

「此刻」的你若能綻放光彩，
人生和工作
都會變得順利喔。

請安心。

第3章 對將來感到煩惱時的「讚美日記」應用法

第4章

序章

上班族的
各種煩惱

「讚美日記」能成為消除各種煩惱的開端

人際關係、結婚、金錢等將來的事，以及之後的職涯規劃……只要工作，總會面臨許多煩惱與徬徨。不過，有個方法能一口氣消除這些煩惱！

那就是「讚美自己」。

接下來，請跟著立場和煩惱各異的小彩、優子、春菜三人，一起了解具體方法吧。

優子（34歲）

從事業務工作。對流行有很高的敏感度，個性積極。有個考慮之後要結婚的男友，但最近她開始擔心起結婚、生子、金錢等將來的事。

春菜（38歲）

「常讚公司」的業務主管。在公司很受信賴，不論上司、前輩或下屬、後進同事都很欣賞她。離婚狀態。卡在上司和後輩間，每天都很忙碌，所以沒什麼時間陪四歲的孩子，也沒有自己的時間，最近對此感到不滿。

小彩（29歲）

文具廠商「常讚公司」的總務人員。儘管大家都覺得她很可靠，但她對自己內向的個性有些自卑感。

讚美小雞

以前是隻容易沮喪的小雞，但自從戴上「正向帽子」後，徹底變得正面積極！現在，牠不只自己改變，也推廣「讚美日記」，引導他人走向開朗幸福。

手塚千砂子

「讚美日記」的開發者，要透過讚美的力量，讓每個人的人生變得正面快樂！

常讚文具公司
早安。
噹～
早安。
啊—
等我一下！
謝謝。我從車站跑來，都流汗了。
春菜（38）
天氣突然一下子就變熱了。
優子（34）
小彩（29）
——這三人
電梯運轉中
都是在公司有五年以上資歷的資深員工……
總務部
咔嚓
嗶
業務一課
拉開
呼
業務一課
前輩，早安。
啊
早安。

各自在工作上都有一定表現
前輩做事的速度好快
敲敲
打打
敲敲
妳之前提的企劃案很不錯喔
有時候會得到讚美
咦真的嗎
有時候也能得到肯定，不過……
對方說下次還是要找妳……
我好高興～
……
已經不像還是菜鳥時那麼有衝勁……
看到商業勵志書常見的文案
開心工作
提升技能讓自己發光！
喜歡的工作
也覺得自己是平凡人，不可能做得到……
苦笑
老實說，面對工作時，
像是「我喜歡現在的工作」，
或是「我樂在工作」
「我在工作上很積極」
……感覺上這樣的心情一年比一年淡……

最近，比起這個問題
人際關係
和上司、前輩下屬等的溝通
面對自己不擅應對的人
將來的規劃
要結婚嗎？要生孩子嗎？父母老了後……存錢……
今後的職涯規劃
前輩——
你差不多要準備升職考試嘍……
後進同事的指導
上司的期待
……像這些累積一點工作資歷者會面臨的問題開始出現……
我現在這樣好嗎？接下來會怎麼樣呢……
煩躁
焦慮
這三個人有點不知道該如何是好……

只要讚美自己，工作上的煩惱就會有一百八十度轉變！

小彩、優子、春菜，這三位女性各有魅力，個人生活過得很充實，工作上也有不錯表現。不過，她們都有不擅長的事、都對將來感到不安，也習慣給自己壓力，希望做得更多更好，她們因此感到煩惱，有時甚至鑽牛角尖。

不過，她們三人都沒有察覺到一件事。明明只要按下一個開關，狀況就會有一百八十度好轉，但她們卻往完全錯誤的方向去找原因，原地打轉。這麼做，真的很浪費人生呢。

能按下**自我尊重感這個開關**，讓人生和工作都好轉的，就是「讚美日記」。

之所以要寫「讚美日記」，不是因為你做得不好喔。你現在已經很棒了，不過，它能幫助你發揮更多能力，閃耀光芒。

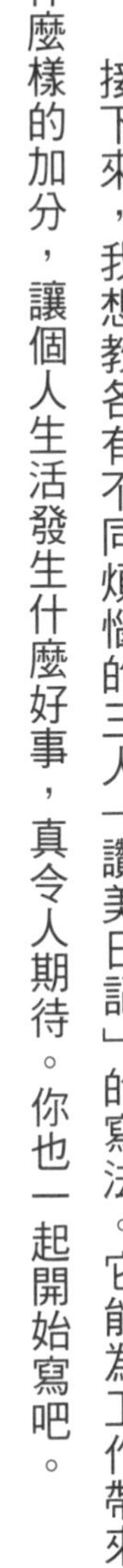

接下來，我想教各有不同煩惱的三人「讚美日記」的寫法。它能為工作帶來什麼樣的加分，讓個人生活發生什麼好事，真令人期待。你也一起開始寫吧。

所謂的「讚美日記」，

是找出自己好的一面，

然後在日記上寫下對自己的讚美話語即可。

光是這麼做，

你的負面情緒就能拋向九霄雲外，

變得正面積極。

本章將詳細說明

寫「讚美日記」的方式。

第1章「讚美日記」是什麼？

何謂「讚美日記」？

找出自己「可讚美的部分」，每天寫下來，這就是「讚美日記」。

腦科學已經證明，「讚美話語」能取悅大腦。每天在日記上寫讚美的話，能讓大腦血液循環良好，充滿氧氣與能量。有時候也可以出聲唸出寫的內容，如此效果更佳！

讚美自己會讓大腦分泌更多的多巴胺，不論身體或心靈，都能更有力量朝著愉快的方向前進。在心理層面上，你會變得更正面積極，更有安心感，更能控制情緒，在身體層面上，讚美據說能提升免疫力，神經系統與荷爾蒙也能更趨於平衡。

最重要的是，你能發現潛藏心中的「重視自己的

自我尊重感」，感覺到它的存在。

一而再、再而三地單從工作表現評斷自己的能力，看自己的角度就會變得狹隘，認為「工作上的評價」就是自己的全部，這是讓壓力和煩惱加重的主因。

「讚美日記」，讓你不只是從工作層面，而是從各種角度找出自己好的一面。如此一來，你就能客觀看待自己，也能發現過去未曾注意到的優點，擴大看自己的視野。

讚美日記，是只要寫，就能發現自己的優點並因此成長的工具，方法簡單，但效果絕佳。

為什麼讚美自己，工作就能順利？

不用多說，人在工作時會使用大腦。不只知識和技術，短時間內也必須用到集中力、判斷力、記憶力、思考力等各種腦部的運作。

此外，工作時也會使用到身體和心，而大腦是身體和心的指揮塔。

這表示，**讓大腦在愉快下運作良好，或是在壓力下運作遲鈍，會讓同一個人的工作表現，產生很大的差異。**

你是在頭腦清楚或昏昏沉沉時，比較有工作效率？當然是頭腦清楚時吧。

還有另一個重點。

頭腦也是心的指揮塔，反過來說，「心裡想的事

也會影響大腦」。一個人喜歡或討厭自己，大腦的運作也會不同。換句話說，自我尊重感的高低，不只影響工作，也會左右個人是否能充分發揮原本具備的潛力。它關係到的是整體人生。

寫「讚美日記」能養成自我讚美的習慣，如此一來，大腦感到愉悅，自我尊重感提升，身為一個人的綜合能力也能提高，所以工作變得順利也是必然的結果。

> 停止找自己的缺點，
> 開始自我讚美，
> 大腦就會感到喜悅而發揮能力。♪

讚美自己還有這些好處！

人際關係變好

讚美有認同、給予好評、肯定、褒獎、稱頌等意義。我們不難想像，讚美的話語能如何讓心裡充滿快樂、喜悅與安心。

讚美的相反，則是挑出缺點、責備、怒罵、貶低、否定等。這些行為會讓心靈萎縮、不安、焦慮、喪失自信。

一直對自己說些負面的話，就會變得只在乎其他人的想法，也會影響人際關係。

如果不斷讚美自己，就能打開心房，更能表現出真正的自己，人際關係自然會變得輕鬆。

不會對將來感到不安

現在的你之所以不安，是由於對未知的「將來」有負面想像吧。將來的生活如何？怎麼照顧父母？……想像不好的狀況，誰都會感到不安。事實上，擔心的事明明可能不會發生，但你卻庸人自擾，這是出於你「想事情的習慣」。

要修正這種「想事情的習慣」，使用「讚美日記」也有很好的效果！

據說，「讚美」能讓負責控制情緒的前額葉皮質區血液循環變好。此外，持續讚美自己，也能讓大腦迴路改變，趨於正向思考：「不論發生什麼事，我一定都沒問題」。不知不覺間，老是不安的習慣也會消失，變成總是能正面思考喔！

工作效率提升

第二十頁也提到，思緒清晰的話，工作效率也會提升。說得再具體一點，就是「讚美」的力量會活化大腦，讓前額葉皮質區的血液循環變好，這麼一來，人就會變得更有衝勁、注意力更集中，頭腦快速運轉，眼觀四面，動作靈活。

再者，由於自我尊重感提升，情緒比較穩定，心理層面會變得強壯。

比方說，即使遇到不開心的事也不會沮喪，有能力轉換情緒；即使意料之外的事發生也不慌亂，好好處理。不會太在意無謂的事，不會累積焦慮的情緒，以這種狀態工作，不光是效率提升，個人也能成長，周圍的人也會給予更高度的肯定。

「霉小雞」變成「讚美小雞」的那天

上班族寫讚美日記要依循的三個步驟

藉由寫讚美日記，建立穩固的「自我稱讚迴路」

讚美話語所擁有的力量，你應該了解了吧？

不過，光是知道，並不能改變任何事。多年來，我們一直習慣看自己的缺點，所說所想的負面話語在腦中形成穩固的「消極迴路」，所以，很難抹去負面思考和負面話語。

這時候必須做「讚美練習」。做法很簡單，就只是找出自己的優點並讚美。一開始進行得不太順利也沒關係！不過，請一定要使用「讚美話語」來讚美。刻意使用平常不習慣說、說出來自己會不好意思的詞彙，養成讚美的習慣。反覆稱讚同一件事也無妨喔。

持續讚美自己，腦中就能形成穩固的「自我稱讚迴路」，如此一來，之前形成的「消極迴路」就變得不那麼穩固，自我否定的狀況也能減少。

再者，「自我稱讚迴路」如果趨於穩固，就能培養出自我尊重感，心態變得從容，也能好好與自己相處。在此情況下，不論在職場或家庭中，自己身邊的其他人也會跟著改變。

比方說，對工作感到焦慮的情況如果減少，能心情愉快工作，周圍的人也會變得更體貼。這是理所當然的事。

想讓促成這些好事的「自我稱讚迴路」穩固，最有效的方法就是親手寫下讚美的話語，也就是寫「讚美日記」。

寫「讚美日記」的重點，在於按部就班持續自我讚美。這件事不難，請放心。只要記住下一頁開始介紹的「三個步驟」，持續寫，就能自然而然感受到自己正向的改變和成長。重點是，不要忽略這個改變與成長。

讚美時，可以讚美外表：「我穿剛買的新衣服真好看」，或是稱讚與工作相關的事：「我能和不太合得來的人討論事情，真了不起！」，甚至讚美自己的感受能力：「能欣賞夕陽之美，表示我很感性呢」。找出自己可讚美之處，盡量讚美吧！

下一頁起，將介紹按部就班讚美自己的「三個步驟」。

STEP 1

每天一定要讚美自己

【讚美的內容】

✦自己的行動（稱讚生活上和工作上的事）。

✦身體的運作（稱讚你視為理所當然的事）。

✦自己的外表（稱讚髮型、服裝、有魅力的部分等）。

✦大腦的運作（稱讚你視為理所當然的運作）。

✦其他或發生特別事情時，也可以稱讚第三十至三十三頁的內容。

【讚美的重點】

每天讚美同樣的事或理所當然的事，也沒關係！

此外，就算稱讚時覺得怪怪的，或像在說謊也無妨，

我今天也很有精神地走了一站距離，
真的很努力！

我好會吹頭髮
好棒！

總之就是先稱讚自己。

【步驟1的目的】

盡可能多使用讚美話語、習慣讚美，讓大腦的指令變得正向。這麼做，是要在潛意識中形成自動機制。搭捷運、吃午餐時，請利用一點時間養成讚美的習慣！

【讚美的例子】

✦我確實記住開會時間呢，我的頭腦真了不起！

✦和前輩第一次共進午餐，聊得很開心。我真是得人疼的後輩呀♪

✦今天我也是準時起床！了不起！

✦我想出一道新菜的做法，真聰明呢。

STEP 2

週末時回顧一週並讚美自己

【讚美的內容】

✦能控制或轉換情緒（只要覺得自己在生活或工作上有做到這一點，即使只是稍微做到也要稱讚）。

✦自己的內在、個性（觀察自己在行動上展現出來的優點並讚美）。

✦自己的感覺、感性（容易忽略的部分也要肯定並讚美）。

【讚美的重點】

步驟2是著眼於肉眼看不見的內在，像是能因小事感動、內心變得從容等。

【步驟2的目的】

培養仔細觀察自己的習慣，察覺到肉眼看不見、無法以數字呈現的優點。配合步驟1的效果，讓沉睡在你體內的「優秀意識和能力」甦醒。

【讚美的例子】

✦我能品嚐出午餐的美味，有很敏銳的味覺呢。

✦星期一早上我不會感到憂鬱，因為我現在很正面積極呢。太棒了！

✦搭捷運通勤時，我雖然還是會煩躁，但馬上就能轉換心情，我進步了呢。

✦我會因為看到路邊的花感到心靈平靜，是個從容的女性呢。

STEP 3

每週～每個月做一次確認並讚美自己

【讚美的內容】

✦自己努力的過程（就算沒有成果也無妨，要稱讚自己付出的努力）。

✦自己努力的成果（不論成果多小都要讚美）。

✦大腦的運作（和步驟1的角度不同，可以讚美自己的機智、點子、企劃力、解決問題的能力、表達能力、判斷力、集中力等）。

✦自己的正向改變（行動與情緒、內在的改變、發現、溝通力以及其他，讚美新發現的自己）。

【讚美的重點】

不論改變多小都要讚美，這點很重要。再者，自

己能因為發現改變而感到開心、喜悅，效果更好。反覆閱讀讚美日記，讓大腦記住。

【步驟3的目的】

讓自己更相信現在及未來的自己。此外，培養自尊感和自立心，以及期待自己有所成長的意識。

【讚美的例子】

✦我總是留意「要提早五分鐘做好事情」，可作為後輩的楷模呢。

✦我也能對前輩的企劃案提出意見了，真的進步很多呢，這麼下去就對了。

✦我安排更多時間陪孩子玩，真的很用心。

開始寫讚美日記

以三個簡單原則，讓工作愈來愈順利

要強化「讚美日記」的效果，祕訣就是手寫。寫的方式很自由，不過還是有三個要留意的原則。這幾個原則很簡單，做起來又愉快，請你一定要記起來。

【要準備的東西】

✦只需要筆記本和筆！

✦什麼樣的筆記本都可以！

✦想讓日記稍微可愛一點，可準備色鉛筆和貼紙，在日記上畫點圖、貼上貼紙。

【一開始要做的事】

✦在筆記本的封面或第一頁，大大寫上「讚美日記」幾個字。這是種向自己宣告「要開始寫讚美日記」的儀式。

✦也將「自己希望變成的樣子」寫下來。藉由意識到目標，以期早日實現。

RULE 1

一定要使用「讚美話語」，並以「我」（或自己的名字）當主詞。

寫讚美日記，一定要用「讚美」的口吻來寫，而非說明可讚美的事項。再者，由於是讚美自己，所以不是以「你……」的句型來寫，而是以「我……」的句型來稱讚自己。

請別忘記「讚美話語」能取悅大腦。

【舉例】

○「我昨晚雖然晚睡，但今天早上還是七點起床，準時去上班，真是了不起。」（稱讚「自己」）

×「我昨晚雖然晚睡，但今天早上還是七點起床，準時去上班。」（只是在說明）

×「你早上七點起床，準時去上班，真是了不起。」（主詞變成「你」）

RULE 2

不寫負面字眼、自己不好的部分，以及批評別人的話

不論寫多少讚美話語，只要使用一樣多的負面字眼，效果就會抵銷。如果要稱讚自己讓負面的事情轉為正面時，要盡可能將負面字眼減到最少，多寫讚美的話。

例如，以下這種寫法的負面字眼就太多：「我被上司罵了，真的很氣。那個傢伙總是很情緒化，有夠討厭。不過，我還是能轉換心情，真的很厲害。」應該寫成——

「我被上司罵了，感覺很差，但我還是能轉換心情，真的很厲害。我成長了呢，了不起！」也可以參考第八十八頁。

RULE 3 持之以恆

請相信一定能看到成果，持之以恆（只要做，一定有結果！）。

讀完本書、了解這個方法後，如果只說句「我了解了」就沒有下文，什麼都不會改變。稍微花點心力和時間寫「讚美日記」，人生會有一百八十度轉變，也有人在寫讚美日記後，工作成績成長五倍喔。

首先連續寫兩週，就能看出兩週帶來的改變。接著是一個月，然後三個月……持之以恆，就能看到具體成果，也會讓持續變得有趣。

如果認為「我是三分鐘熱度的人，所以做不到」，那麼，就為了改善三分鐘熱度的問題來寫吧。先寫三天，開始提不起勁時，就對自己能連續寫三天給予讚美，然後再重新出發。

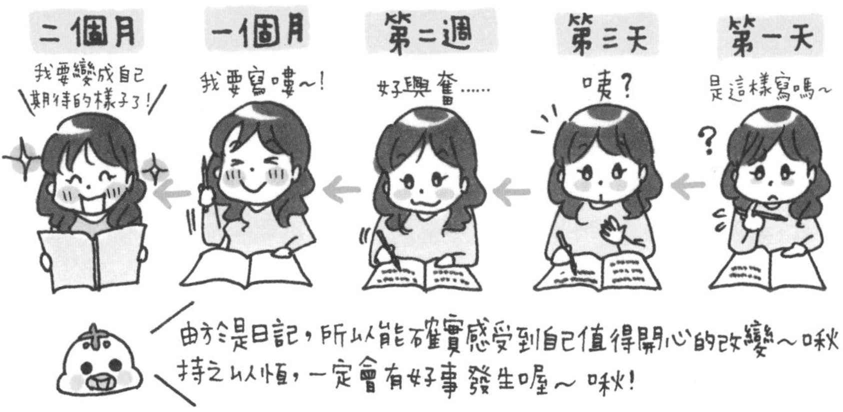

不能光是想，而不寫下來嗎？

也不是不行，但寫在筆記本上是最好的方法。

比起腦子裡反覆想著負面字眼，想著讚美的話和帶有正面感覺的話語，絕對好得多。

不過，如果要改變常因一點小事就心情不好的習慣、在意他人眼光的習慣、自責的習慣等種種負面思考的習慣，讓沉睡你體內的「優秀能力與正面意識」外顯，將讚美話語寫下來就很重要。

也有人問我：「可以寫在部落格上嗎？」不過，據說使用電腦，會讓大腦前額葉皮質區的血液循環變差，所以，最佳方式還是「用筆寫在筆記本上」。

遇到工作不順、別人說自己壞話，腦中盤據著負面想法時，就算企圖要轉換心情也不是那麼容易。找出自己的優點，並寫在筆記本上，是運用意志以及手、眼所做的行動。藉由這個舉動，比較容易讓大腦知道要轉換心情，也會因此產生控制力。

當然，光是腦子裡想想、悠哉一年過一年，也是個人的自由。

不過，既然都擁有能力了，早點讓它得到發揮、活用於工作上自然好得多，人生也會因此更有收穫。

手眼並用地「寫下來」，也等於是確認自己的心情，傳達給大腦（最重要的關鍵）知道。為了讓「讚美日記」更有效果，請親手寫！

對讚美日記的疑問②

光是改變所寫的詞彙，思考方式也會改變？

沒錯，會改變！想事情時，我們腦中會使用「詞彙」。想負面的事情時，腦中也會跟著出現「怎麼辦、傷腦筋、糟了」等負面用詞。如果將這些負面字眼轉變成正面的話：「沒問題，一定能順利」，並養成這個習慣，也就比較不會去想負面的事。

這麼一來，我們就不會使用容易趨向負面的大腦迴路，相反的，能形成任何事都正面思考的迴路。

形成這種狀況後，看自己的方式也會變得正面，並確實產生自我尊重感，能肯定自己：「我以前覺得自己很差，但其實表現得還不錯啊！」。思考方式受到語言的力量影響，自然就會變得「人如其言」。

看自己的方式和思考事情的方式一旦改變，行為也會跟著變。自己的目標會不同，選擇也會不一樣。

人生是一連串選擇的累積。能夠在無意識中選擇更符合自己的選項、更愉快的選項，工作和人生都會變得更快樂。請懷著目標，懷著一定能實現的希望，擁有最棒的人生。

每天使用詞彙的習慣，會形塑思考，成為現實。所以，養成讚美的習慣，你的大腦和身心都會充滿活力，工作也會愈來愈順利。

疲憊不堪的時候，不能把牢騷寫下來嗎？

請不要在「讚美日記」上寫牢騷、不平、不滿、別人的壞話，以及自己的缺點。請遵守這一點。

如同前述，要是把抱怨寫下來，就會變成現實生活中也一直在抱怨。

此外，由於我建議可以不時出聲唸出「讚美日記」的內容，如果在上頭記錄自己的抱怨，原本忘記的事，唸日記時就會再度想起。

不過，有時候真的很想講出來，沒辦法一直保持沉默。

這時可以將抱怨寫在另一本筆記本上，再撕碎丟掉，或是告訴好朋友。但是，如果跟好幾個人抱怨同樣的事，或是重複寫好幾次，「讚美日記」的效果就會打折，請留意這一點。

抱怨個一、兩次就夠了，這種時候正是該重讀之前所寫的「讚美日記」。你寫下的「讚美日記」會帶給你鼓勵、勇氣和控制力。

持續寫「讚美日記」，在腦中形成自我稱讚迴路後，負面詞彙也會自然減少。一旦抱怨，大腦就會感受到壓力，發出「夠了」的訊息。這時候你就知道，你自己也感覺不舒服。

抱怨會在心裡累積負面能量。請培養出只要抱怨一、兩次，就能整頓心情、轉換情緒的能力。要是把抱怨寫在「讚美日記」上，會讓抱怨實現喔。

工作上

少不了溝通。

但是，人際關係

有時候真是很累人的事呢。

不過，請別責備對此無能為力的自己。

藉由「讚美日記」發現你的優點，

人際關係會變得更好喔。

第2章
對人際關係感到煩惱時的「讚美日記」應用法

「不擅與人溝通」

對**人際關係**感到煩惱的小彩

工作上少不了溝通。

雖然明白這一點，但就是會退縮緊張，以至於感覺好累

請不要責備這樣的自己。

只要利用「讚美日記」溫柔接納自己，就不會有問題喔！

但出了社會後
就不得不接觸
自己不擅應對的人……
容易發怒的上司
妳在
搞什麼啊
嚴厲的前輩
不要拖拖拉拉
和自己完全不同掛的客戶
雖然擅長文書工作
上司交辦的工作
也能做好
好了。
會議資料
但就是不擅言辭
啊……好難
加入談話啊～
對於無法主動
融入團體的我而言
工作上的人際關係就是壓力……
也不擅長
和不認識的人通電話
唔～
好緊張啊。
啊，
壓力好大。
心跳
加快
工作如果出錯
被上司責罵
為什麼
妳事先
不做好確認！
對不起！

可以麻煩你一下嗎？
啊，
語無倫次
啊～好
嚇一跳
？怎麼了？
啊 沒事
之後就會有一陣子不知道怎麼面對上司……
開會時也是
不可以說出像自己一樣平庸的意見啊。
小彩有什麼意見嗎？
呃，啊，什麼意見嗎？沒有，那個……我沒什麼意見……
就像這種狀況
妳已經不是新人了要盡量發言啊！
對……對不起。
這時候我就會對自己的溝通能力之差感到錯愕
啊，真的好累。好希望不用講話就能工作……
不過，我已經是成年人了，還不擅長應對，真是遜啊……
該怎麼做才能建立比較好的人際關係？
像我這樣的人根本找不到什麼可稱讚的優點！

對人際關係感到煩惱時的練習

這種時候，如果是你，會怎麼讚美自己？

如果你像小彩一樣，對人際關係感到煩惱，
你會怎麼讚美自己？首先，依據你想到的內容，
試著寫下「如果是我會這麼寫」的「讚美日記」！

→次頁有詳細的寫法說明。

對人際關係感到煩惱時的讚美重點

首先，要從人際關係以外的其他面向，找出自己的優點。注意與當下煩惱無關的事並加以讚美是重點。如果想要先讚美和煩惱直接相關的部分，反而會更緊張，導致強烈負面情緒，請留意這一點。

接下來，是對自己說些溫柔的話。寫完「讚美日記」後，一定要對自己說：「我還有很多自己沒發現的優點，沒問題的。」如果腦中又浮現出「做不到」、「我沒有能力」等負面詞彙，不管何時何地，都要這麼出聲告訴自己。

等到習慣寫「讚美日記」後，與人溝通時可事先整理好思緒，也可以在腦中勾勒出自己講電話時應對得體的景象，並讚美自己能正面思考。在讚美自己之後，不論面對的是上司或令人緊張的前輩，都能與他們自然交談喔。

讚美方式舉例

- ✦ 我的談吐很溫柔，很棒！
- ✦ 午休時去公園散步、深呼吸。
  我懂得照顧自己，真棒！
- ✦ 下班後，去咖啡館寫「讚美日記」，
  懂得轉換心情的我很棒喔。
- ✦ 每天早上搭擁擠的捷運上班，我不論身心都很努力呢。
- ✦ 想著明天要穿什麼衣服的我很可愛呢。
- ✦ 後天就放假了。我因為只要再上一天班而開心，
  真是直率。
- ✦ 我感覺到自己一點一點在改變。這是種進步呢。
- ✦ 我能溫柔地跟自己講話呢。這樣就對了！

CASE 1 我不擅跟別人面對面溝通或講電話，希望以E-mail溝通就好。

「每次跟主管報告或聯絡公事，我都會擔心對方指正我或唸個幾句，覺得好討厭，壓力也很大。真希望工作上不用交談，用E-mail溝通就好了。」這麼想的人最近愈來愈多。雖然在職場上，「報告、聯絡、討論」很重要，但對不擅溝通的人來說是種負擔。

「讚美日記」對於解決這種狀況十分有效。只不過，寫的時候如果只注意和工作有關的事，就無法發揮效果，請留意。

如果依循第二十八至三十三頁三個步驟的項目，好好讚美自己一番，就能發現愈來愈多優點，看自己的視野更開闊，也會喜歡上包含缺點在內的自己。再者，別忽略這種正向改變，將改變寫下並讀出聲來，如此，你對自己的感覺會更好，心靈得到解放，也不再覺得自己不擅溝通。

溝通是打開心後就能做到的事，所以，不知不覺中，你就會發現聯絡、報告、討論都變得容易了。

每天做不擅長的事會累積壓力，所以，消除不必要的緊張、把該做的事做好，獲利最多的人是自己。請試著不要管其他人的看法，而是為自己做。

這麼一來，管他上司也好、社長也罷，你都能無所畏懼地和他們交談，心靈變得從容自由喔！

對你有效的讚美話語

我為了讓自己的心「自由」而努力，真的很酷～

今天的聯絡、報告、討論做完了～

部長！這是今天的報告

CASE 2 被某個人嚴厲斥責後，就一直不知道怎麼和對方相處。

多數情況下，會嚴厲斥責他人，都是個人情緒上的遷怒。所以就算挨罵，也不要認為「自己很糟」，變得退縮，而是冷靜判斷以下幾點。

①對方是不是無緣無故向你發火？

②你的確有錯，但對方除了你的錯誤外，是不是也否定你人格其他部分？

③其他人犯同樣錯誤，對方是不是不會這麼生氣？

只要符合其中一項，那就不是你的問題，而是對方心態有問題。請溫柔接納不安的自己，對自己說：「這不是我的問題，不必慌張」，然後持續做第二十八至三十一頁的步驟1和2。

一想起對方，就立刻藉由其他事、開心的事來轉換心情。如果能做到這一點，就再讚美自己，持續為自己打氣：「沒問題，我可以放心了。」

如此一來，就算你還是不太知道怎麼和對方相處，也不至於害怕，不會過分在意這件事。

下次如果有人毫無理由對你發火，你就冷靜說出自己的解釋，並向上司報告。只要持續寫「讚美日記」，你就能做到這點。要將對方的問題和自己的問題分開來看，別為無謂之事累積壓力。

對你有效的讚美話語

我已經知道，
要把自己和別人分開來看，
不要受到影響，真的有很大的進步呢。

CASE 3 我跟有些人就是怎麼都合不來……

小彩一定是把這些人說的話都一一放心上，並因此心神不寧吧。然後，又很討厭這樣的自己或是自責。這種狀況很常見。

使用「讚美日記」當然也能解決這種情況，同時，你也可以練習如何「不討厭自己，不自責」。

請依循下列順序，體貼引導自己的心情。

①體貼接納「跟某些人合不來而感到焦慮的自己」，不要自責。

②接著，告訴自己：「沒關係，我會漸漸不受影響喔」。「我在寫讚美日記，所以沒問題」，反覆這麼說，使自己安心。

這麼做，情況就會好轉。前面也提到，發掘自己好的一面並加以讚美的習慣，會在大腦形成「自我稱讚迴路」。面對其他人時，這個迴路也同樣發揮作用，所以，你自然看得到對方好的一面。

即使沒辦法看到對方的優點，也由於自己變得堅定，能區分自己和他人，知道「他就是那樣的人，和我不同」，如此就不會輕易受對方的言行影響。

對你有效的讚美話語

我能夠冷靜地意識到
「他就是那樣的人」，真了不起。

CASE 4 我不習慣跟同事聚餐，請別揪我……

「為什麼一定得參加？」如果以這種心態抗拒同事聚餐，是只看到這件事不好的一面。「下班後就是私人時間，我想做自己喜歡的事」，自己的心情固然要重視，但同時也可試著思考，能否用另一種角度，也就是以正面角度來看同事聚餐這件事。

要轉變根深蒂固的想法，光用腦子想很難，但如果是寫「讚美日記」，就能轉變既有的結論和想法，也能客觀思考，這些過去不太容易做到的事，都會變得簡單。

應該怎麼改變想法呢？你今後的人生，不可能都不用和不喜歡的人、話不投機的人來往。倒不如說，隨年紀增長，這種情況會變得更多。結婚後，要和另一半的家人來往，要和小孩讀的幼稚園或學校有關的人接觸，以及和鄰居等來往。

如果每回都覺得「好煩啊，我不擅長這種事，心情好差」，人生會有很大的損失。

「和同事聚餐，是為了將來做的預演」、「能觀察同事和平常不同的一面，也是一種與人有關的學習」，試著這麼想，或許能發現其他人有趣的一面。

一邊思考如何取得平衡，不用壓抑「想花時間在喜歡的事情上」的心情，但又不拒絕聚餐，這樣就能減輕很多心理負擔喔。

對你有效的讚美話語

我能把公司聚餐想成「學習會」，真的很有上進心呢。

CASE 5

自己沒多想就說出口的話，惹別人生氣了。明天該怎麼面對他……

小彩跟同事聊天，談到年齡的話題時，她脫口而出：「我們這種二十九歲的人就是歐巴桑嘍～」一說完，她就倒抽口氣——只見有位三十多歲的前輩正從旁邊走開。「怎麼辦？她一定生氣了。」小彩一副快哭出來的樣子。我則提供她以下建議。

我請她那天晚上重讀並出聲唸出這一個月所寫的「讚美日記」，然後吟誦「咒語」，明天再去跟前輩道歉。

重讀自己寫的「讚美日記」，能帶來很大力量。像小彩這樣心思紊亂或沮喪時，能透過讚美日記冷靜下來，獲得安心與勇氣。

另一個重點，是唸「咒語」給自己聽——這「咒語」能讓自己做到非做不可的事。

語言會形塑現實。一直把「糟了」掛在嘴邊，現實生活中就會發生更糟的事。因此，為了讓小彩明天能馬上道歉，我要她如同吟唱般反覆地說：「沒問題，會順利喔」。

隔天，小彩馬上跟前輩道歉，前輩也要小彩不用在意，這件事也就落幕了。平常寫「讚美日記」，萬一發生什麼事情就能派上用場。

對你有效的讚美話語

我能承認錯誤並立刻道歉，真的很坦率。

沒問題，一切都不會有問題。

CASE 6 對外表（服裝、造型）缺乏自信 總是拿自己和別人比較……

「和我同期進公司的小花很會打扮，經常得到大家稱讚。相反的，我就不太會打扮。只要其他人讚美她，我就覺得自卑。」

小彩似乎很在意這件事，但事實上，並沒有人覺得她很糟，是她自己貶低自己。

要消除自卑感，只要做相反的事即可。也就是不要一直跟別人比較，而是持續讚美本身擁有的魅力。

有人或許會反駁：「就是沒有可讚美的地方才煩惱啊」，請先試試以下這個做法吧。

不要光是注意外在，總之就是去實踐第二十八至三十三頁的三個步驟。只要對自己有自信，就能接受並喜歡上自己的外表。

這麼一來，就能看見過去未曾發現的魅力喔。像是溫柔的眼睛或是皮膚很好等，只要是自己覺得不錯的特質，就每天讚美它。

減肥也一樣，一邊讚美自己一邊進行，就會順利。打扮的品味也是，只要喜歡上自己，就會知道什麼衣服適合自己，品味自然能提升。你一定能成為一個內在和外表都閃閃發光、充滿魅力的人。

對你有效的讚美話語

內在和外表都閃耀著光芒的我，好美。開朗的笑容也很可愛呢！

CASE 7 自己有時候會看輕其他人

上司請小彩指導後進同事，但同事的學習狀況不太理想。「我能做到的事，你為什麼不行？」小彩雖然忍住沒這麼說，卻藏不住焦慮。

小彩在工作上還有尚待精進的部分，有時候也會失敗，不過，看到後進同事工作效率不彰，她還是忍不住焦慮，覺得「為什麼你就不能像我一樣能幹？」，這種心情也反映在態度上。

遇到這種狀況，有些人會意識到自己不該有這種心態並反省，但這麼做會招致反效果。小彩之所以有此態度，其實是出自這種不滿的情緒：「我希望讓安排我指導同事的上司更肯定我，結果，指導工作卻不順利」。這時，更要寫肯定且稱讚自己的「讚美日記」。

小彩能正確快速完成工作，這一點很棒。她可以給自己一個目標，在某項有機會善用這項優點、講求正確度的某項工作上成為專家。有了目標，小彩的情緒會比較穩定，面對工作也會有衝勁，不滿的情緒也會消失。再者，大腦中若形成「自我稱讚迴路」，小彩也能看見其他人的優點，利用讚美的方式來帶人。

工作累積一定程度後，個人的表現自不用說，也必須有激勵、帶領後進同事（或下屬）的能力。小彩應該是具有這種潛力的人。

對你有效的讚美話語

既有工作能力，又有寬容的心。

讓後進同事尊敬的我前途光明呢。

經驗談
CASE
1

京子小姐的例子

京子小姐（45歲，銷售員）
內衣公司業務，
無法提振業績曾經是她的煩惱……

寫讚美日記後，心態從「放棄」變成「期待興奮」

我從事內衣銷售工作的前三年，由於先前沒經驗，幾乎找不到顧客，沒有一個月能達成業績目標。第四年，就在我覺得自己不適合這份工作，非辭職不可時，發現了寫「讚美日記」這個方法。

效果很快出現。我寫了一個月，就達成業績目標！既找到客戶，業績也明顯提升，結果，七個月後就升職，十個月後就負責帶六位下屬。

我本來雖然有夢想，但做不出成績，已經準備放棄，但現在是「相信夢想能實現。只要有自信地將商品價值傳達給顧客，就會有成果，也能實現讓顧客開心的理念」。

京子小姐的幾則讚美日記

3／2　頭一次達成「自己的目標」。這是我開始寫「讚美日記」的第一個月，太棒了！我現在對身邊的人都充滿感謝，真的成長了呢。

4／5　我為兒子的將來做了很多準備，在母親這個角色上也很努力呢。我很用心兼顧工作和家庭喔，為家人操心的感覺也很好。

4／18　我得以參加最頂尖的工作研習，這樣的我閃耀著光芒呢。我已經更上一層樓了。

5／11　對工作得心應手的我，總是散發著光彩呢。

6／1　完成了一件重要工作。這是奇蹟的一天。只要去做就做得到！

讚美自己，讓我擁有自信，與人相處也更細心周到。因此，遇到困難時，周遭的人也會提供幫助。多虧了「讚美日記」，我不只工作更順利，也增加了「人」這項財產！每一天都很開心興奮。

附錄1

轉負面為正面！

思考習慣轉換表

—對自己感到焦慮篇—

職場、上下班的捷運上、街頭的擁擠人群中……
上班族有時候就是會因為自己或他人，而感到焦躁，
凡事都往負面想。
這種時候，請試著將負面用詞轉換為正面，
如此一來，眉頭就不會緊皺，心情也會變得輕鬆喔。

負面思考的習慣	轉變為正面思考的習慣
事情為什麼無法順利？	也是有順利的事情呀。
做什麼事都失敗。	也有很多能做到的事呢，藉由「讚美日記」建立自信吧。
某某人的表現比較好。	沒關係，我從現在開始表現！
某某人長得比較可愛。	也有人說我可愛喔／我擁有那個人沒有的魅力。
某某人的薪水比較高。	我靠內在一決勝負喔／嫉妒會讓金錢運變差，不要吃味喔。
就算我怎麼努力也沒意義。	凡事一定都有意義，要去找出來／努力本身就有意義喔。
唉，我偷懶了～	疲勞一掃而空了，明天開始要努力喔。
什麼事都覺得討厭。	看來我累了，不要逞強，可以休息一下喔。
唉，明天又是星期一～	週末過得很開心，很棒～／下週末要做什麼好呢～
趕不上截止時間，沒辦法了。	跟同事道歉，請他們幫忙吧。誰都不是完美的喔～
我口袋空空。	就算沒錢，還有點子，想一下有什麼開心的事吧！
都沒有人約我吃飯。	大家都不知道，和我相處很開心欸，之後他們就會知道了。

負面思考的習慣	→ 轉變為正面思考的習慣
總覺得提不起勁。	我做得很好喔，了不起／辛苦了，我很努力呢！
我想下班了。	還有一件工作，加油。我不是很有毅力嗎？
糟了，今天的打扮怪怪的。	這種打扮有時候也行得通啦／露出笑容，用可愛來彌補吧。
頭髮好毛燥，好想回家……	沒關係，沒有人會在意喔。
我胖了。	稍微節制一點吧，很簡單喔。
我長得不好看。	也有人說我不錯喔，我的心很美呢。
都沒什麼好事啊！	去找好事吧，不付諸行動就找不到喔。
遇不到好對象。	要遇到好對象，一定要採取行動，態度積極很重要喔。
工作一點都不順利。	我在工作上很仔細呢／轉一下脖子和肩膀，放輕鬆，然後拿出韌性再努力。
生理期快來了，感覺好煩躁！	沒關係喔~深呼吸，對身體好一點喔。
好想死……	好想變得幸福。
反正就算我努力，也不會有人看見。	只要努力，就一定有人知道喔／祖先看到我這麼努力，一定會獎勵我喔。
就只有我挨罵。	自己無法認同的事，要好好跟對方說／他一定是對我有期待。
早上起床時好痛苦。	我每天早上都好厲害~／今天早上也起得來，了不起。
跟不認識的人見面很有壓力。	或許能聽到有趣的話，輕鬆以對吧。
要指責別人的錯誤很有壓力。	能講出很難開口的話，是成熟大人嘍／如果是自己該做的工作，就斷然去做吧！
想到將來的事就讓人心情憂鬱。	把注意力放在現在、眼前的事！
我本來就不想工作。	找到天職的話，就會想工作喔／找出我的天職吧！
不想去上班。	週間辛苦了，週末悠哉度過吧！

只要一思考將來，

腦子就會一片混亂，

對過去感到懊悔……

這種時候，正需要藉由「讚美日記」來整理大腦和心，

如此，就能接納過去的自己，

想像光明的將來，

也讓現在的生活過得更充實喔。

第3章
對將來感到煩惱時的「讚美日記」應用法

「金錢、結婚、父母的事……愈想愈覺得不安」

對**將來**感到煩惱的**優子**

現在這個時代，對將來感到不安的人很多。

不過，請不要不由分說就陷入不安的漩渦。

只要利用「讚美日記」釐清前進方向，就能看見光明的未來！

——在貫徹這種生活方式中不知不覺就來到了34歲
噫
由美要結婚了!?
恭喜妳!
就這樣很快決定了~~~
雖然我悠悠哉哉的
那優子呢?妳應該會和現在的男朋友結婚吧~
嗯
我們是有這樣的打算啦……
但似乎是該認真思考將來的時候了……
結婚啊……
雖然我想跟男朋友結婚、
但從現實來考量,他的年收入和我差不多,婚後我們最好都繼續工作。但要是生了孩子後沒問題嗎……
我完全沒存錢啊……
苦惱
擔憂
……真羨慕由美啊,老公在一流公司上班,她說結婚後就要當家庭主婦……
——但將來的事
愈是認真思考
呼
不可以嫉妒啦,不行不行。
就得面對現實的問題
嘩啦

啊，媽，
我是優子，
妳身體怎麼樣？
不要勉強喔，
妳不擔心
又得住院嗎？
嗯。
好，
再見。
父母親
年老後的事，
也很令人
擔心哪～
只是覺得焦慮……
感到不安
是因為這樣嗎？
最近工作一直出狀況
連我那麼喜歡的
服裝打扮也
哇，為什麼
我穿這個顏色的上衣，
敷衍了事……
就只是愈來愈感到
莫名不安。
不過，完全不知道
該採取什麼行動才好～
愈來
父母親老後
存款
產後重回職場
結婚
愈大
拿……
拿不動了
啊，誰能
一口氣幫我消除
這些煩惱～～～～!!

對將來感到煩惱時的練習

這種時候，如果是你，會怎麼讚美自己？

如果你像優子一樣，對將來感到煩惱，
你會怎麼讚美自己？首先，依據你想到的內容，
試著寫下「如果是我會這麼寫」的「讚美日記」！

→次頁有詳細的寫法說明。

對將來感到煩惱時的讚美重點

與將來有關的煩惱中，「錢」的問題尤其令人困擾。結婚、生子、養育孩子、父母老後的安排，全都和錢有關。不過，要是把煩惱重點放在錢的金額上，就只會對將來感到不安，腦中也一片混亂。所以，要從過去、現在、將來等不同階段來思考。

首先，不要因為沒存款懊悔，要找出過去正面的事加以讚美。優子忠於自我，將青春時代過得很開心豐富，這是很棒的一點！

接著是聚焦於「現在的自己」，依據第二十八至三十三頁的三個步驟寫「讚美日記」。持之以恆，就不會因為接受到的資訊而受影響，能想到很多現在可以努力做到的事。如此一來，就能發現「忠於自我的生活幸福」喔！

再者，不用太煩惱父母老後的事。對於能想到父母的自己給予讚美，然後，先思考必須怎麼做才能有安定生活，並加以實踐。只要持續讚美日常生活中的小事，就能培養出將來發生什麼事都能因應的能力。

From：地址：

姓名：

廣告回信
台北郵局登記證
台北廣字第01764號

平信

To：**大田出版有限公司 （編輯部）收**

地址：台北市10445中山區中山北路二段26巷2號2樓
電話：（02）25621383　傳真：（02）25818761
E-mail：titan3@ms22.hinet.net

大田精美小禮物等著你！

只要在回函卡背面留下正確的姓名、E-mail和聯絡地址，
並寄回大田出版社，
你有機會得到大田精美的小禮物！
得獎名單每雙月10日，
將公布於大田出版「編輯病」部落格，
請密切注意！

大田編輯病部落格：http：//titan3.pixnet.net/blog/

智 慧 與 美 麗 的 許 諾 之 地

讀 者 回 函

你可能是各種年齡、各種職業、各種學校、各種收入的代表，
這些社會身分雖然不重要，但是，我們希望在下一本書中也能找到你。

名字／ ____________ 性別 ／□女 □男　出生／______年_____月_____日

教育程度／

職業：□ 學生□ 教師□ 內勤職員□ 家庭主婦 □ SOHO 族□ 企業主管
□ 服務業□ 製造業□ 醫藥護理□ 軍警□ 資訊業□ 銷售業務
□ 其他 ________________________________

E-mail/________________________________ 電話／ ____________________

聯絡地址：

你如何發現這本書的？　　　　書名：

□書店閒逛時________書店 □不小心在網路書站看到（哪一家網路書店？）________
□朋友的男朋友(女朋友)灑狗血推薦 □大田電子報或編輯病部落格 □大田 FB 粉絲專頁
□部落格版主推薦 ________________________________
□其他各種可能 ，是編輯沒想到的 ________________________________

你或許常常愛上新的咖啡廣告、新的偶像明星、新的衣服、新的香水……
但是，你怎麼愛上一本新書的？

□我覺得還滿便宜的啦！ □我被內容感動 □我對本書作者的作品有蒐集癖
□我最喜歡有贈品的書 □老實講「貴出版社」的整體包裝還滿合我意的 □以上皆非
□可能還有其他說法，請告訴我們你的說法

____

你一定有不同凡響的閱讀嗜好，請告訴我們：

□哲學 □心理學 □宗教 □自然生態 □流行趨勢 □醫療保健 □ 財經企管□ 史地□ 傳記
□ 文學□ 散文□ 原住民 □ 小說□ 親子叢書□ 休閒旅遊□ 其他 ________________

你對於紙本書以及電子書一起出版時，你會先選擇購買
□ 紙本書□ 電子書□ 其他________________________________

如果本書出版電子版，你會購買嗎？
□ 會□ 不會□ 其他________________________________

你認為電子書有哪些品項讓你想要購買？
□ 純文學小說□ 輕小說□ 圖文書□ 旅遊資訊□ 心理勵志□ 語言學習□ 美容保養
□ 服裝搭配□ 攝影□ 寵物□ 其他 ________________________________

請說出對本書的其他意見：

大田出版有限公司編輯部 感謝您！

讚美方式舉例

✦我打電話給媽媽問候近況。

她似乎很有精神，太好了！我很關心父母呢。

✦我覺得「自己的青春時代沒有後悔」，這樣想的我很酷呢。

✦開始寫「讚美日記」後，我變得能夠「樂在當下」，

好驚人的變化呀。

往前邁進的我做到了！

✦今天買了花裝飾家裡。現在的我感覺很從容，真不錯！

✦只要肯定過去的自己、將現在過得充實，

對將來就不會感到不安。

我也跟男朋友談到「活在當下」的想法。

我成長了呢。

CASE 1 想著將來的事想到失眠。

優子一直想著擔心的事，結果導致夜裡難以入睡。「能一邊照顧小孩，一邊工作嗎？」、「休完產假後，有辦法回去上班嗎？」、「四、五十歲時還能以派遣人員身分工作嗎？」一開始想就沒完沒了。

尤其是夜晚，任何人在累積一天的疲勞和壓力下，都很容易產生負面情緒和想法。這種時候請做到以下三點。

①下定決心，回家後就不使用負面詞彙，不負面思考。
②先決定轉換心情的「儀式」。例如，回家後馬上沖澡、吃喜歡的食物、和寵物一起玩、寫「讚美日記」等，花點時間做自己會開心的事，就算時間很短也無妨。如果能做到，當然就要寫在當天的「讚美日記」上，好好讚美自己。
③就寢時，手放腹部，一邊告訴自己的身體「今天也謝謝你了」，一邊深呼吸。

這樣可以有個好眠。

想到將來的工作發展時，別一直陷於「我做得到嗎？」的不安情緒中，要釐清心情，知道自己希望怎麼做，並朝著實現的方向努力。

自尊感如果能提升、以更主動積極的方式生活，一定能實現希望做到的事情喔。

對你有效的讚美話語

生活方式變得積極的我

做得很不錯嘛，就這樣繼續下去！

CASE 2 我不知道該從什麼地方著手，才會有更好的將來。

想考證照，也有其他很多希望為將來做準備的事，可是每天都好忙，什麼也做不了……這種情況會讓人焦慮呢。一焦慮，也無法全心投入工作。

第一步，是先冷靜下來，不要焦慮。請實踐第七十八頁的步驟1、2，大約做個兩週左右，心情就會變得穩定，腦部的血液循環也會變好，思緒清楚。但也不要覺得安心就停止寫「讚美日記」喔。

深陷不安時，你是不是會去找做不到某件事的理由，像是「因為〇〇，所以不可能」、「因為●●，所以做不到」，而且精神恍惚，反覆想著沒什麼大不了的事？

這時，藉由寫「讚美日記」，能讓多巴胺等帶來振奮效果的荷爾蒙分泌良好，如此就能正向思考，覺得自己有方法做到。一旦順利轉換情緒和念頭，也就能提升注意力，工作效率因此變好。不論是想請個有薪假好好休息，或是想著手準備結婚事宜，總之都別想太多，先採取行動吧。

很難決定要做的事情時，可藉由寫「讚美日記」讓思緒清明，再依序回答下列四個問題以釐清想法，訂出優先順序。

①自己最想做的事是什麼？

②比起想做的事，更需要做的事是什麼？

③①和②何者優先？

④從時間安排上來看，何者比較容易？

這麼做，就能知道現在的自己該從哪件事開始著手。

對你有效的讚美話語

我能善用時間做自己想做的事，真是有一套呢。

CASE 3 忍不住嫉妒和有錢人結婚的朋友，這種事也不能跟男朋友說。

首先，要將嫉妒轉換成正面心態。心存嫉妒，也會反映在容貌上，變得不漂亮喔。而且，有錢並不等於一定會幸福呀。

有所謂「吸引幸福的法則」和「讓幸福逃離的法則」。如果以下五個項目，優子的回答都是「對」，就符合吸引幸福的法則。反之，如果答案是「不對」，就算和有錢人結婚，幸福也會逃離喔。

Q1 你喜歡自己嗎？

Q2 你知道自己的優點，並經常讚美這些優點嗎？

Q3 你能敞開心表現自己嗎？

Q4 你能委婉拒絕討厭的事嗎？

Q5 你尊重自己，也尊重他人嗎？

持續寫「讚美日記」的話，這五個項目的答案就會全變成「是」。即使現在不是如此，但不久的將來，你就能肯定回答了，不必擔心。

出現嫉妒的情緒時就這麼想：「她看起來很幸福，我也一定會變得幸福」，堅定想著「要變幸福」，一直這麼告訴自己。這樣，想法就會實現喔！

對你有效的讚美話語

我決定對男朋友更敞開心，

一起討論我們的將來。

這樣的我真的很坦率。

CASE 4 年過三十，已經沒辦法換工作了吧。

「雖然有人說，自己不論到幾歲都能挑戰新事物，但那是表面上說得好聽吧？要不然，就是工作能力很強的少數人才做得到。」優子似乎這麼認定，並因此感到煩惱。這麼想，就會讓機會溜掉喔。真的想換工作，就要停止「尋找做不到的理由」，今天就行動。

首先，要讚美自己「希望在更能發揮能力的地方工作」。再者，求職時，不論書面資料或面試，即使寫的內容相同、說的話一樣，但心裡想著「反正不可能錄用」或真心想著「我一定要在這裡工作」，對方感受到的力量也不同。這肉眼看不到的力量會影響他人，所以，要帶著企圖心和自信培養表達能力。

請和平常一樣寫「讚美日記」，再另外準備一本「工作的讚美日記」，針對「①目前為止做過的工作」、「②具備的能力」、「③擅長的事」、「④迄今學習過的知識和技能」、「⑤在工作上學到的事」，以讚美自己的角度寫下來。

透過這項作業，也能發現自己的弱點，再針對弱點擬定對策。

藉由「讚美日記」提升自我尊重感，也能培養出表現自我價值的表達能力。即使年過三十，也會有換工作的需求，請仔細查詢求職資訊，以自己的力量去突破。

對你有效的讚美話語

我決定要在更能發揮所長的地方工作。

我有能力做到喔！

惠理子小姐的例子

惠理子小姐

（38歲，烘焙點心及麵包專家）

惠理子曾因為生病，身體虛弱，
認為自己「很難像平常人一樣生活」……

靠著「讚美日記」走出痛苦，也如願實現想做的工作

直到三十多歲時，我都一直覺得活著很辛苦。雖然有朋友跟我介紹過手塚老師的講座，但我對於「讚美自己」這件事感到害怕，結果過了好幾年才去。因為「希望改變」，我開始寫「讚美日記」，持續幾個月後，我終於覺得「我也有很多開心的事」。

接下來狀況變化得很快。我很想做烘焙點心和麵包，於是下定決心跟我去打工的店借公休日的場地，舉辦交流活動。之後，事情有了各種進展，現在我會接受宅配訂單，也將產品交由店家銷售，或是自己帶去某個據點販賣，也舉行麵包製作講座等，讓更多人吃到我用心做的點心和麵包。

我遇見讚美日記七年了，現在正品嚐著人生的喜悅。

惠理子小姐的幾則讚美日記

5／8　我將禮物組合包裝得非常可愛，真是天才！

6／14　今天試做活動要用的點心，具體在盤子上呈現出我腦海中的畫面。不論色彩、分量、食材的平衡感，全部都很棒！好有成就感。我做到了，好棒！

6／30　今晚也像這樣寫讚美日記，了不起。

7／8　雖然想好好讚美自己，但今天就先睡吧。我很重視睡眠，愛護身體，真的很棒。晚安。

7／15　我覺得自己明天也能繼續努力。這樣的我好棒，真是可愛。開心地做吧，盡情地笑，盡情興奮吧。

讚美自己，就會湧現企圖心和勇氣，並能付諸行動。生活中多了「讚美」的習慣，思考方式、看事情的角度、行動等都會改變，因而帶來「讓自己幸福的結果」。

附錄 2

思考習慣轉換表——對他人感到焦慮篇——

職場、上下班的捷運上、街頭的擁擠人群中……
上班族有時候就是會因為自己或他人，而感到焦躁，凡事都往負面想。
這種時候，請試著將負面用詞轉換為正面，
如此一來，眉頭就不會緊皺，心情也會變得輕鬆喔。

負面思考的習慣	→ 轉變為正面思考的習慣
這個人好笨！	**我實在太聰明了。**
慢吞吞的傢伙！	**我動作很快呢／要跟上我的速度很難啦。**
不要增加我多餘的工作啦！	**做不到的時候就要說「做不到」，不然會累積不滿呢！**
他又遲到了！	**他應該有什麼不得已的理由吧！**
受不了，一早就這麼囉嗦。	**他一早就很有精神呢！**
要開會啊～好緊張！	**沒關係，只要說必要的話，並接受上司交代的事就好了。**
會議好冗長啊！	**比打坐好吧。**
不該穿得那麼花俏來上班吧？	**他的品味跟我不一樣呢。**
怎麼不去死？	**自己說出口的話會回到自己身上，別這麼說。**
反正這就是家小公司。	**正因為小，能讓我發揮實力。**
所以說，草莓族就是……	**草莓族不是個人的問題而已。**
所以說，男人（女人）就是……	**這跟性別無關，是人的問題。**
某某某做得到，為什麼那個人就不行？	**去發掘他的優點吧！**

負面思考的習慣	轉變為正面思考的習慣
上面的人太寵新人了。	當初就是因為上司不會縱容我，我很快就學會工作。
我正在專心，不要來煩我啦！	要能夠跟對方說：「請晚一點再找我」／就是有細心的人，也有不細心的人呢。
他連話都說不好。	他沒有學習如何遣詞用字呢／可說是個負面教材。
明明比我資淺，還那麼跩！	我也要多表現出自己的存在感。
她在工作上只會利用女性的優勢，真令人生氣！	我是以認真取勝喔，別人的事和我無關。
為什麼大家都不做？	能力有別喔，我來做吧。我真了不起。
那個人總是做不必要的工作耶。	我的工作效率真是太好了，真厲害。
（對手）失敗就好了……	只要想怎麼讓自己的工作成功／只要想自己的勝利就好。
（對於別人的失敗）真開心……	不好的心態會回到自己身上，轉換心態吧。
那個人只會自吹自擂。	這表示他其實沒有自信呢。
我正要開始做了啦，囉哩囉嗦！	別在意，別在意，生氣是自己的損失。
高層也太閒了吧！	就算批評，也不會加薪，做好自己的工作吧。
像個老頭子似的！	我散發著光彩呢！
只是二樓而已，搭什麼電梯！	那個人下半身沒力／我都走樓梯鍛鍊肌肉／我來貼張告示提醒吧！
車廂內明明那麼擠，不要看報紙啦！	他在家裡不能放鬆吧。
車廂內滿滿都是人，好煩！	來想一下今天的「讚美日記」要寫什麼？
小孩子的哭聲好吵！	我是小孩子的時候也會哭。
車廂內那麼擠還滑手機，碰到我的肩膀了啦！	把注意力放自己身上！想著要讚美的事吧！
哼！情侶去死啦！	我要追求自己的幸福！別人的事和我無關。
尖峰時刻不要讓小孩子搭車啦！	我覺得「照顧小孩真辛苦」，能這麼想很體貼呢！

「這樣下去好嗎？」

有時候，我們會對自己的職涯規劃感到不安。

這種時候寫「讚美日記」，

能肯定一直努力到現在的自己，

也能看見今後職涯的展望。

然後，就會產生「這樣下去很好！」的正向力量喔。

第4章
對職涯規劃感到煩惱時的「讚美日記」應用法

擔負中階幹部的責任讓人感到疲倦

對**職涯規劃**感到煩惱的春菜

夾在上司和後進同事間，每天都忙得團團轉，而且，還不能不回應公司的期待……努力是理所當然的事，不過，實在好累呀。這種時候，就利用「讚美日記」來稱讚自己的努力吧！

不過
我是拚命努力才走到今天。
滑溜
滑溜
滑溜
碰撞
不可能放棄現在工作上有的一切。
我覺得自己是靠著這種毅力和義務感在工作的
……以前就算是這樣，我對工作的態度還是很積極啊……
喀噹
喀噹
努力參與想做的企劃案
那個企劃交給我
做出成果後也會得到大家稱讚……
做得好！
對！那種成就感真是讓人開心啊——
可是，現在「不太想做的工作」變多了
部長要我們跟著前輩做
麻煩妳了，請多指教。
你可以彙整一下意見給我嗎？
光是每天的工作就夠我忙了但因為年齡稍長得扮演部門領導者的角色
咦，我嗎？
前輩—
啊，我馬上過去—
哇
快到去接小孩的時間了
無法像以前一樣工作非常辛苦！
鈴
鈴
鈴
堆積
自己的工作

我對升職
沒什麼興趣耶。
我比較希望
能像現在這樣工作就好~
ㄟ~
——連這樣的期望
感覺好像也不被允許
啊
聽說業務一課
的中田小姐
升上課長了~
她和春菜
是同期進公司的吧？
接下來就輪到
春菜了吧~
如果說出
「自己不想升遷」
反倒會感到焦慮……
ㄟ……
ㄟ~……
我想，我現在
應該沒有力氣
挑戰職涯
更上一層樓了
放馬過來
要有時間陪小孩
壓力增加
變得忙碌
如果像我年輕時那樣工作
不，如果比那時候更有衝勁的話
也許會很幸福
我希望更正面
積極地工作
希望讓兒子
看到我那個樣子
理想
筋疲
力盡
……不過，
或許是各方面都太用力
現在我有點疲倦了……

對職涯規劃感到煩惱時的練習

這種時候，如果是你，會怎麼讚美自己？

如果你像春菜一樣，對職涯規劃感到煩惱，
你會怎麼讚美自己？首先，依據你想到的內容，
試著寫下「如果是我，會這麼寫」的「讚美日記」！

→次頁有詳細的寫法說明。

對職涯規劃感到煩惱時的讚美重點

春菜一直以來都非常努力，會心力交瘁也是沒辦法。首先，她要意識到自己身心疲憊的狀態，每天體貼地對自己說些慰勞的話。

再者，為了調整身心，可以利用休假來個兩、三天旅行，或是品嚐美味食物，做一些「取悅身體」的事。同時，也用另一本筆記本，記下自己婚後好的一面，並寫下很多讚美自己的話及安慰之詞。至於「讚美日記」，由於它最適合用來照顧心靈，請和平常一樣繼續寫。

此外，要重視自己「希望有多一點時間陪伴孩子」的心情，重新思考如何在這件事和工作間取得平衡。如果強烈覺得自己「犧牲了個人時間」，對工作終究會產生負面感覺。

然後，要在什麼地方增加多少時間來陪伴孩子，請具體列出時間表並施行，讓自己覺得滿足踏實。這麼一來，就能慢慢找回年輕時的工作衝勁。不要著急，就算只是多百分之十幹勁，也要讚美自己的改變！

讚美方式舉例

✦我用自己的步調努力著，這樣的我好耀眼呢。找出更多自己的優點吧。

✦結婚後，我真的一直很努力。辛苦的事也走過來了，了不起。

✦如果要讚美過去的自己，我會說自己是個獨立出色的女性。能走到今天這裡，好厲害！

✦專心和孩子玩了三天，身心都很滿足，好棒。

✦我現在養成習慣，睡前會對自己說「今天辛苦了」，體貼自己的我真不錯呢。

✦我今天也好好聽孩子說話，是個好媽媽。

✦指導後進同事的工作變得開心了。我的心胸稍微開闊了一點呢。

CASE 1 不論對後進同事說什麼，他都沒反應，讓人很困擾。

有些後進同事，不論提醒他該怎麼講電話、遣詞用字，或給他工作上的意見，他的反應不是曖昧不明，就是擺出苦瓜臉，或是一副不知道有沒有聽進去的態度。自己對這種同事感到不耐，但也討厭如此不耐的自己，覺得煩惱。

一大早就不耐，注意力會無法集中，造成由於恍惚所增加的錯誤，影響一天工作。為了不要對「指導後進同事」這件事過於鑽牛角尖，並改變「為了自己，要和後進同事培養良好關係」的想法，就使用「讚美日記」吧。為了提升自尊感，讚美日記上不要只寫工作的部分，也請別忽略第二十八至三十一頁的步驟1和2。

施行兩到三週後，你對自己的觀感就會轉為接受和肯定，也會覺得，自己之所以對後進同事的態度感到不耐，是由於非常希望對方能做好工作，也就比較不會自責。

在此階段，請不要覺得安心而停寫「讚美日記」喔，再持續下去，就能「和後進同事建立良好關係」。

一旦大腦習慣去找自己的可讚美之處，亦即建立自我稱讚迴路後，你自然就能看到同事的優點。再者，寫「讚美日記」已經讓你習慣使用讚美的話，面對後進同事也能自然說出口。

同事得到讚美後，一定會更有衝勁，注意力和理解力也會提升，你的工作效率也會更上層樓。

對你有效的讚美話語

現在，我知道放鬆及放手的訣竅了，我真聰明。

CASE 2

明明很努力，卻看不到結果，覺得好疲憊。

身負部門領導者的責任，眼見部門表現無法提升，就會因此累積壓力。這種時候，會萌生「我這麼努力，其他人卻不然」的心情，想怪罪他人，也會感到焦慮，不知該怎麼辦。可是，這種情緒要是表現出來，會導致團隊氣氛變差，士氣低落。

焦慮、不滿、厭惡、自責等等的負面想法若變得強烈，就容易產生負面結果，要及早跳脫這種惡性循環。

團隊成員一起寫「讚美日記」，是最理想的狀況，但你自己要率先實踐，讚美自己、讓情緒穩定，慰勞自己，持續跟自己說「謝謝」。然後，以第九十八頁的要訣，對下屬（或是後進同事）表達讚美、感謝及慰勞。自己的情緒如果不穩定，就無法做到這些，所以重點是「先從自己做起」。在耳濡目染下，整個團隊會更團結，成員間也能互相幫助。

不要自己攬著困難的工作，也要交由下屬負責，讓他們得以成長。自己不懂的事就問上司，借助其他人的幫助，積極採取行動。

寫「讚美日記」，能讓你具備做到這些事所需的管理能力。在工作中成長，並達成目標吧，你一定沒問題！

對你有效的讚美話語

我不論對上對下都很用心，真的很優秀。

CASE 3 原本順利進行的工作意外觸礁。深受打擊下，很難重新振作……

這種情境下會有的基本思維和前一個狀況相同，所以，為了安定情緒，請持續寫「讚美日記」。不過，話雖這麼說，但當下應該會湧現很多強烈的負面情緒，像是後悔、感到無力、丟臉、懊惱等，或許很難想到什麼「可以讚美的事」。

這種時候，要暫時從「造成打擊的事」抽離，遠離工作地點，去游泳、騎馬、打網球、爬山等，做一些平常不會做的「活動身體的方式」。我尤其推薦在充滿大自然能量的地方騎馬，汲取從馬身上得來的活力。如果是第一次體驗，更有效！要是沒那麼多時間，去電影院拚命看電影、去近一點的地方泡個溫泉也不錯。身心為一體，會互相影響，所以，很難轉換心情時，「改變身體的動作」是個有效方法。再者，離開工作場域，也比較容易轉換強烈的情緒，客觀看待發生的事。

另外，失敗時，我們會覺得要反省，要不然就是自責或責怪他人，但在這之前必須先「稱讚自己」。

在另一本筆記本上，寫下自己過去在工作上使用到的「所有正面能力」。知識和技能自不用說，另外，還包括個人的內在能力、活力、溝通能力、管理能力、體力（或身體的能力）、表現力等，自己的所有能力都要予以肯定。寫下這些後，也就能夠繼續寫「讚美日記」，翻轉逆勢，不斷湧現重生的力量。

對你有效的讚美話語

我一直以來累積了好多能力啊，真是才華洋溢。

CASE 4 對工作一定要有企圖心？我會做好分內工作，但為此努力覺得好累……

「雖然我不是那麼想升職，但要是因此讓別人覺得，我甘於當一般員工，表示沒什麼上進心，這也很討厭。說起來，我原本就是為了一份薪水工作，該做的事我會做，但沒什麼企圖心……」春菜這麼說。話雖如此，她還是會確實把工作做好，很了不起呢。

希望高升，並為此努力的「上進心」，和希望提升品格、豐富精神層面的「上進心」不同。請將兩者分開來思考。

就算認為「工作是為了生活」，也是一種生活方式的選擇，沒什麼不對。只不過，既然領薪水，就有義務對公司做出貢獻，確實做好該做的工作。春菜很清楚這一點。

想貫徹自己的生活方式，不理會周遭他人想法，必須要有自尊感和自信作後盾，這可以用「讚美日記」來培養。只要持續寫「讚美日記」，在各個面向上都會變得積極，搞不好會覺得「如果升職，薪水也會增加，我要努力」。

不論如何，與其在意別人的評價，更重要的是釐清「自己希望怎麼樣」，找出答案。姑且不論職場上的企圖心，我們都要保有作為一個人的上進心，不斷精進自己。

對你有效的讚美話語

我有希望自己更加成長的欲望呢，這是我的優點。

CASE 5 我不擅長以前輩的身分說該說的話

「主管要我指導後進同事，但我對這種事很不擅長。要是我話說得不好，有的同事可能會不認同，但不做的話上司又會唸我……」夾在主管和後進間的春菜非常苦惱。

卡在上下之間，正是中階管理者的痛苦之處。不過，沒關係，藉著讚美日記，你可以輕鬆培養實力。

首先，不擅指導後進同事，可歸納出幾個理由：

① 雖然表達上沒問題，但不希望自己被討厭。
② 不只對後進同事，不論對象是誰，自己都無法好好表達想法。
③ 和朋友聊天沒問題，但正式場合就變得口拙。
④ 想太多，覺得自己如果說了什麼，就會讓對方沮喪。

不論哪種狀況，都可藉由「讚美日記」來解決。讚美日記是以寫的人「自己」為重心，培養出表達能力，能讓你成長為一個該說什麼就說什麼的人。

實際指導後進同事時，可以在「叨唸一番」後，帶著笑容讚美對方平日的工作表現。如果能以對事不對人的心情來說，就是一百分了。要做到這點，也是形成「自我稱讚迴路」即可。如果能這麼做，就不會破壞同事關係，反倒能受到景仰、尊敬。

對你有效的讚美話語

我的「自我稱讚迴路」變得穩固了。
不論對自己或他人，我都很會讚美喔。

CASE 6

我沒辦法適應調職或上司換人，覺得很痛苦。

「我知道上班族只能聽從公司命令，但就是很難坦然接受新安排。要是一直無法融入新環境，真的很難受。」春菜覺得缺乏適應力的自己很丟臉。

不論是誰，轉調去自己沒有經驗的部門，或雖然待在同樣部門，但體制有很大改變，都會因此倍感壓力，只是程度不同而已。

春菜是「不太能適應改變」的人，太在意他人評價，平常一直扮演「好人」，忽略自己的心情，太配合其他人……有這種傾向的人，容易因為其他人的言行感到疲倦，平常就一直累積壓力。如果突然有個讓人緊張的改變發生，他們自然會覺得壓力更大。

要改善這種內在問題、更能因應外在變化，就要培養「感覺自己的身體，向它表示感謝的習慣」。這個習慣能調整自律神經的平衡。

每次寫「讚美日記」前，先緩慢轉動及伸展脖子、肩膀、腰和手腳，感覺一下自己身體僵硬的情況。然後，對身體各個部位表達感謝：「今天辛苦了，謝謝」，接下來再寫「讚美日記」。

這個習慣能讓我們接受原本的自己，不會過度在意他人，慢慢地，愈來愈能適應改變。

對你有效的讚美話語

我已經知道，只要接受原本的自己，
也就容易接受改變。
我是成熟的大人了呢。

CASE 7 愈是在開會等重要的時刻，愈容易緊張，以至於無法有表現。

好不容易準備妥當，但正式上場卻發揮不出實力，這樣可能會錯失加薪或升遷的機會喔。

要做到不論何時都能以平常心發揮實力，重點不是「重要時刻」，而是「平常就要習慣」。

首先，平常要藉由寫「讚美日記」提高自尊感，讓自己喜歡原本的自己。請注意不要使用感覺負面的詞彙。

再者，為了會議等重要場合做準備時，不可以一直說「這次不能失敗」，或在心裡祈禱「不要失敗」！腦中要是強烈意識到「失敗」，最後就真的會失敗。要不斷跟自己說「沒問題，我能做到」，想像自己能成功。

正式開會的當天早上，翻開「讚美日記」，一邊深呼吸，一邊重複唸出日記上寫的讚美話語給自己聽：「我一直準備到現在，真了不起！」、「沒問題，會很順利喔」。將唸出來的聲音錄下來，在搭車時聽也有效喔。

然後，開會前一刻，為了讓緊張僵硬的身體變得柔軟，可以扭扭腰、跳一跳，轉動一下脖子和肩膀，做個深呼吸。再露出笑容，溫柔告訴自己：「沒問題，沒問題」。

這樣就沒問題！能如同自己所想的，沉著發揮實力。會議結束後，就用力抱抱自己，讚美一番：「我做到了耶，真是太酷了。」

對你有效的讚美話語

我能想像自己有所表現後開心的模樣。就這麼去做吧！

CASE 8 自己在公司內不受支持，每天都很疲憊

「只有我的企劃沒過，就我的意見不受重視……我總覺得得不到其他人支持」。在這種情況下工作，真的很辛苦。

公司如果不採納對其有利的企劃或建設性的意見，就無法在競爭中勝出。反過來想，員工難得提出好企劃，有公司會因對員工的好惡視而不見嗎？

「只有我的企劃沒過」，搞不好只是春菜自己的既定成見（或說是思考習慣），或許只是她的企劃不夠完善。

「反正我就是被討厭」、「又只有我的意見被忽視」，如果像這樣，平常就自我否定，習慣疑神疑鬼，不只工作不會順利，人生也是。所以，請改善這一點，並加強自己的企劃案。

只要一出現「反正我一定不行」的念頭，就馬上調整想法，告訴自己：「不要對還不知道是否為事實的狀況妄下結論」，並專注於眼前的「事實和該做的

事」。如果和「讚美日記」一起施行，馬上就能看到效果。

「讚美日記」能讓你在企劃案沒過時，積極面對，像是去請教前輩的意見，看企劃有何不足之處，然後以下次一定要通過的決心努力！

對你有效的讚美話語

告訴自己「下次絕對沒問題」的我，充滿了能量呢。

經驗談 CASE 3

美沙小姐的例子

美沙小姐

（42歲，製作公司員工）

美沙既是忙碌的職業婦女，也是兩個孩子的母親，曾經很煩惱如何在工作和家庭間取得平衡……

肯定自己後終於升職了！

年復一年，兼顧工作和家庭讓我很疲憊，也會責備自己做得不好。我喘口氣的方式，就是看兼顧工作的明星媽媽所寫的書和部落格。其中一本（應該是山田瑪利亞的書）介紹了手塚老師的書，讓我知道「讚美日記」這個工具。

我寫了大概兩星期後，就發現「我很糟糕」的念頭出現次數變少。那一瞬間，我突然覺得「咦？我一直以來不正是兼顧工作和家庭嗎？很了不起啊！」於是，幸福感油然而生，也覺得自己很棒。

心情變得輕鬆後，不論工作或家庭，開心的事都變多了，最近還升職當課長！同時，我也會好好安排時間與家人相處。

美沙小姐的幾則讚美日記

7/2　現在，我對家人的心情比較多是感謝，而不是抱歉。我似乎變得正面了呢。

7/28　明天孩子開始放暑假，我也安排好休閒活動了，真是很棒的媽媽呢。

8/19　開始熱中美甲的我也很用心打扮，真有品味。

8/31　孩子放暑假時，我安排了更多時間享受生活。這種取得平衡的感覺很不錯呢。

9/5　今天和同事一起去品味美酒。不論工作、家庭或休閒我都能兼顧，這就是在工作和個人生活間取得平衡的證據喔。

前陣子，有下屬跟我說：「最近有很多人想在課長底下工作喔。」似乎是因為我這個部門的氣氛很好。這讓我實際感受到，只要我改變，周遭的人也會跟著變！

實踐附錄

試著開始寫讚美日記吧！

要實際體會「讚美日記」的效果，

第一步就是寫。

不要說明天再開始，

今天就立刻付諸行動吧。

然後，請反覆唸出

自己所寫的「讚美日記」，

你的心情一定會因此豁然開朗。

按部就班讚美自己吧（參考P.28～33）

STEP 1

每天一定要讚美自己

✦自己的行動、身體動作、外表、頭腦的運作

✦發生特別的事情時，也讚美那件事♪

STEP 2

週末時回顧一週，並讚美自己

✦能控制情緒、轉換思考

✦自己的內在、個性、感覺、感性

讚美——

啜泣……

STEP 3

一週～一個月稱讚一次

✦自己努力的過程、努力的成果、頭腦的運作、正向的改變

之後

也要繼續寫「讚美日記」！

不論工作或人生

都會愈來愈順利喔！

結語

你腦中的陰鬱濃霧，是否已經散開？
內心搖擺不定的幅度，是否已經變小？
走到這一步，已經沒問題了，
你該做的，就只剩下相信自己、寫讚美日記。

請不要期待自己變得像誰，
而是以你「希望能變成什麼樣子」為目標，
持續實踐，以接近目標。

寫「讚美日記」並不是因為你很糟，
而是為了讓你天生擁有的潛力，得到更好發揮，
為了擁有豐富的人生，所以才寫。
而人生中，包含了可以善用自身能力、讓自己成長，
並對社會有所貢獻的「工作」。

你已經理解這一點了呢，
因為你很聰明。

我由衷祈禱，「讚美日記」能讓你的工作愈來愈順利，
人生充滿許多喜悅。
會順利的喔～

＊　＊　＊

為此書繪製「讚美小雞」的高橋美起小姐，
以及編輯部的藤本繪里小姐、今尾貴子小姐，
和妳們一起完成這本書，我很開心。
分享經驗談的各位、與完成此書相關的每個人，
謝謝你們。

二〇一四年九月

手塚千砂子

國家圖書館出版品預行編目資料

為工作寫讚美日記／手塚千砂子◎著　高橋美起◎插畫；李靜宜◎譯.　——初版——臺北市：大田，民105.05（Creative；094）
ISBN 978-986-179-447-1（平裝）

177.2　　105003870

Creative 094

每天這樣寫每天進步一點點

手塚千砂子◎著
高橋美起◎插畫
李靜宜◎譯

出版者：大田出版有限公司
台北市10445中山北路二段26巷2號2樓
E-mail：titan3@ms22.hinet.net　http：//www.titan3.com.tw
編輯部專線：（02）25621383　傳真：（02）25818761
【如果您對本書或本出版公司有任何意見，歡迎來電】
法律顧問：陳思成 律師

總編輯：莊培園
副總編輯：蔡鳳儀
執行編輯：陳顗如
行銷企劃：張家綺
手寫字：何宜臻
校對：黃薇霓／李靜宜
美術編輯：張蘊方

初版：二〇一六年五月一日　定價：250元

國際書碼：978-986-179-447-1　CIP：177.2 / 105003870